FSC
www.fsc.org
MIXTO
Papel procedente de
fuentes responsables
Paper from
responsible sources
FSC® C105338

Supera tu miedo de contacto

Un programa de entrenamiento:

En siete pasos del miedo al contacto a una mariposa social.

Anne Schlosser

Impreso y editado por Books on Demand GmbH
info@bod.com.es - www.bod.com.es
Impreso en Alemania – Printed in Germany

ISBN: 978-8-4132-6803-3

Información General

Este documento y todo su contenido está protegido por la ley de derechos de autor. Todos los derechos reservados. La reimpresión o reproducción (o parte del mismo) en cualquier forma (impresión, fotocopias u otros métodos), así como el almacenamiento, proceso, duplicación y distribución por medios electrónicos en cualquier tipo de sistema, del documento completo o parte del mismo, sin autorización por escrito del autor está prohibida. Todos los derechos de la traducción están reservados.

El uso de este libro y la implementación de la información aquí presentada se hace bajo la responsabilidad del lector. El autor y quien lo publica están exentos de cualquier tipo de responsabilidad en caso de que se presenten accidentes o daños de cualquier tipo que se presenten por consejos incluidos en este libro.

El trabajo, incluyendo todo este contenido ha sido preparado con el mayor cuidado. Sin embargo, los errores en la impresión o en la información no se pueden descartar por completo. El autor y quien publica esta obra no asumen responsabilidad por la manera en que la información sea impresa, o qué tan adecuada sea. No puede haber reclamos legales de ningún tipo por información incorrecta o por las consecuencias que resulten de esta información. Los operadores de los sitios web son exclusivamente responsables por el contenido de los libros que publican.

Inhaltsverzeichnis

Prefacio

La mayoría de las personas se limitan con auto-creencias negativas. Durante la mayor parte de nuestras vidas podemos hablar, pero la idea de acercarnos a un extraño nos da miedo. La capacidad de hablar delante de varias personas nos causa pánico. Yo misma era bastante similar. Cuando yo iba a hablar por primera vez a un par de extraños, me pasé tres noches sin dormir, sufrí durante la conferencia mientras sudaba y casi me oriné en los pantalones. Pero lo sobreviví. Ahora, hablo regularmente ante varios cientos de personas y me divierto haciéndolo.

He desarrollado los siete pasos descritos aquí en base a mis propios desarrollos y mis experiencias. El programa le permite lograrlo sin la ayuda de un entrenador. Sólo es importante que usted sea honesto consigo mismo. Sólo vaya al siguiente paso, cuando en realidad se "sienta bien" con las palabras previas.

Le deseo mucha diversión en su camino

personal a los contactos más interesantes, entusiasmo por la vida y el éxito profesional.

Atentamente Anne Schlosser

El Programa

El siguiente programa está diseñado para que pueda trabajar en él sin ayuda. Con cada paso que alcance, registre los mejores resultados y sus experiencias en la forma de un pequeño diario de éxito. Cada noche, hágase escribir para mantener la cuenta: ¿Qué ha hecho con el fin de alcanzar el siguiente paso? ¿Qué éxitos ha logrado y cuáles son sus resultados de este? También hay que tener en cuenta donde se ven posibilidades de mejorarse a sí mismo. También debe permitirse experimentar, para lograr mejores resultados.

Si usted nota que en el curso de su formación sus resultados se deterioran, consulte su diario de éxito que informa sobre los últimos días, cuando usted tenía éxito particular, y revise lo que ha cambiado desde entonces. De esta forma, usted tiene la mejor oportunidad de encontrar nuevos éxitos.

Paso 1: "Por favor sonría."

Comencemos simplemente con el entrenamiento: Sonría a las personas. No estoy hablando de una sonrisa tan forzada que puede llevar a la persona con quién se está comunicando a la duda de una expresión de un dolor de muelas. Hablo de una sonrisa cálida que el otro puede realmente creerla.

¿Cómo son las reacciones? Me encantaría decirle que la gente sonríe de vuelta. La realidad es muy diferente. En mi experiencia, aproximadamente sólo el 10 por ciento de las personas a quienes les sonríe, le devolverán la sonrisa. Otros mirarán para otro lado o harán gestos que parecen que están cuestionando su competencia mental. Sin importar. Sonría a las personas.

Puede prepararse para esto practicando en casa delante del espejo del baño (o el espejo de maquillaje). Sonría a la gente que conoce de la misma manera como lo hizo sonreír en el espejo. Si su reflexión no devuelve sonrisas reconocibles, usted debe cambiar algo de su sonrisa.

Sin querer sonar esotérico: Usted puede experimentar con su sonrisa. Si sonríe a una persona como se describe, concéntrese en algo que le pueda gustar acerca de esta persona. Aunque usted no conoce a esta gente, puede especular en silencio. Luego, intentaremos presentar esta simpatía en la sonrisa. Usted encontrará que en muchos casos las reacciones son diferentes.

En el paso 1, usted aprenderá las siguientes cosas:

Llegar con una sonrisa abierta a la gente, ya que le ayudará en la comunicación. Rompe fronteras y señala a su contraparte con empatía y apertura.

Usted experimentará una gran influencia en lo que usted piensa acerca de la persona con quien está hablando, y un tipo de comunicación que usted puede tener, incluso si usted no lo expresa verbalmente.

Va a ganar más confianza en sí mismo, ya tratando siempre que sea posible hablar con un extraño o usted puede aprender a manejar el rechazo y darse cuenta de que no es tan malo.

La meta:

Ha logrado dominar el primer paso, cuando más de siete personas desconocidas sonríen de regreso a usted en un día. Es ideal que durante este primer paso (o uno de los siguientes) usted entre en una conversación positiva con las personas.

Paso 2: "Dígalo en alto: Hola".

Ahora vamos a aumentar la dificultad un poco. - ¿O es que acaso no es difícil? En el paso 2, usted tiene que saludar a los extraños. Ya sea que diga "Hola," "Hey", o "Que tal": No se trata del lenguaje, pero sólo el hecho de que usted saludó a un total desconocido. Dependiendo de donde usted vive, la reacción puede ser diferente. En el campo su saludo tenderá a ser más contestado que en la ciudad.

Cuando hice este ejercicio por primera vez, experimenté personas que me saludaron de vuelta, quienes sacudieron la cabeza, y uno o el otro, quien me preguntó si nos conocíamos. Me puse en contacto con algunas personas y dos de ellos se convirtieron en socios de negocios en mi línea descendente después.

De nuevo, recomiendo que utilice el ejercicio adicional con pensamientos positivos en el paso 1. Usted verá que los resultados serán por lo tanto significativamente mejores. La gente siente, si se trata con ellos "con buena intención ", y reaccionan en consecuencia.

Por supuesto que hubo también las reacciones negativas de nuevo. Esto es normal y parte del entrenamiento. Usted debe aprender que las reacciones negativas no son "el fin del mundo" y no tienen nada que ver con usted. Sea agradecido con estas personas porque se aprende a través de su negativa a no tomar este tipo de reacciones personalmente.

En el paso 2, usted aprenderá las siguientes cosas:

- El contacto simple cambiando con personas desconocidas
- Usted gana experiencia con reacciones positivas y negativas y aprende a lidiar con las reacciones negativas.

La meta:

> Usted ha llegado a su meta, cuando en un día de siete (o más) la gente le saluda de vuelta de una manera amistosa. Una vez hizo eso, puede pasar al paso. 3

Paso 3: "¿Como llego a ...?"

Mientras que nuestros pasos de hacer contacto con los demás eran relativamente no vinculantes, ahora tomamos un paso, donde logra significativamente avanzar en su objetivo para iniciar una conversación con la gente. Ahora se trata de interactuar con una persona desconocida.

Su tarea es simple: Ir con la gente y pedirles direcciones. Si usted vive en una pequeña ciudad, tendría más sentido si usted va a una ciudad grande más cercana, para que las personas no se sientan engañados.

En el paso 3, aprenderá las siguientes cosas:

- Hablar con una persona y pedirle algo
- Llevar a cabo con éxito una primera interacción breve con una persona extraña
- Usted gana confianza en sí mismo para responder a los extraños y adquiere experiencia sobre la forma de actuar.

La meta:

Usted ha hecho con éxito este paso si ha tenido una consulta cinco veces en un día. "No sé", "No soy de aquí" y las respuestas similares no son por supuesto contadas como información.

Paso 4: "¿Qué hora es ahora?"

Mientras tanto, puede grabar un poco de éxito. Ahora vamos un paso adelante e intentamos especialmente crear una conversación. Hacemos esto con la pregunta del tiempo.

Pregunte a desconocidos por el tiempo. Algunas personas estarán felices de decírselo, otros no responderán y le dejarán plantado. Aun así, otros le dirán que no tienen reloj. Exactamente esto es importante para nuestro ejercicio. Pregunte de vuelta si estas personas podrían tener un teléfono móvil que de la hora. Sí si, pida al extraño mirarlo brevemente para usted.

En esta tarea, usted no debe usar ni un reloj ni tener un teléfono celular con usted.

En el paso 4, aprenderá las siguientes cosas:

- Usted comienza a conducir de forma sistemática la conversación y pedir a la persona cosas concretas. También mantenerlos en un gancho, en vez de estar satisfecho con la primera respuesta.
- Su confianza en sí mismo en la interacción con desconocidos crece.

La meta:

Has superado con éxito este paso si se las arregló para preguntar por lo menos siete personas en un día por la hora. Idealmente, tantos de ellos que especialmente sacarons sus teléfonos celulares sólo para decirle la hora.

Paso 5: "¿Puede cambiar por favor"?

Ahora tiene experiencia de primera mano en la interacción con desconocidos. Ahora se trata del próximo reto: " ¿Me puede dar el cambio X, por favor?" en este paso. Pregunte en las calles si alguien puede cambiarle 5 euros o francos suizos por cambio pequeño. Después usted tiene que pedir a la siguiente persona si puede cambiarle muchas monedas por un billete de € 5 o uno de 5 francos.

La mayoría de la gente se le hará relativamente fácil cuando usted está dispuesto a intercambiar billetes en lugar de monedas. Corresponde a lo que sabe de su vida. La gente va a cambiar billetes grandes por monedas para comprar bebidas o boletos en las máquinas expendedoras de billetes de aparcamiento. Sin embargo, si lo pide en reversa, como cuando da pequeño cambio por una unidad más grande, dejará muchas personas desconcertadas.

Cuando hago este ejercicio con nuevos miembros de un equipo, siempre se resumen en la misma pregunta: "¿Qué puedo decir, y ¿por qué tengo que cambiar mis monedas por billetes?"

Un nuevo socio expresó incluso recientemente una sospecha: "Ellos pensarán que yo quiero darles dinero falso." Mi pregunta es, ¿de dónde le viene a este pensamiento y si ha tenido experiencia en este tipo de situación en que le hicieron decir no. La opinión simplemente surgió de su creencia.

Mi experiencia en este ejercicio es que la mayoría de las personas no piden. Si lo hacen, entonces usted puede dar alguna explicación como la de que la máquina que desea utilizar simplemente acepta sólo billetes y monedas relevantes. El tipo de retroalimentación en este paso también depende de qué tan convincente usted es. Si lo pide amablemente y con una sonrisa expresa, y su pertenencia ya tiene profunda convicción de que necesita el dinero cambiado, entonces usted va a tener éxito en la mayoría de los casos.

En el paso 5, aprenderá las siguientes cosas:

- Que tan amablemente pide usted un favor
- cómo llevar su apariencia para ser convincente y para adaptarse a lo que dicecómo se puede hacer que la gente cumpla su petición feliz.

La meta:

Ha llegado a la meta de este paso si ha, en un día, cambiado sus monedas a una unidad más grande al menos 5 veces (5- billete de euro, 5- billete de franco o. Ä.).

En el paso 6, estamos trabajando en otra competencia, que nos ayudará en la comunicación con los demás. La gente puede defenderse contra casi cualquier cosa, pero difícilmente contra un cumplido honesto significante. Los que hacen este tipo de elogios hacia nosotros, son para nosotros simpáticos. Los vemos con una vibración positiva. La condición es que el hablante debe ser tomado en serio. La mayoría de la gente tiene un muy fino sensorio, que nos muestra, si alguien piensa que un cumplido es cierto o si sólo se expresa con el fin de lograr algo. Sea la persona que está hablando y sólo exprese elogios sinceros.

Cuando miramos a una persona con simpatía, siempre podemos encontrar algo positivo en ellos. Ejemplos de elogios pueden ser:

- Tu estilo de cabello te luce mucho con tu figura. ¿Me puedes recomendar a tu estilista?

- Acabo de ver tu hermoso broche. ¿Es un ópalo en el medio?
- Debo felicitarlo por su ropa. Le sienta muy bien. ¿Está hecho a la medida?

Evite lugares comunes y piropos. Si usted es un hombre y le dice a una mujer joven "Tus ojos brillan como estrellas', entonces eso no es necesariamente tomado como positivo. En los ejemplos que he proporcionado, los cumplidos llevan directamente a una pregunta. Primero, el conjunto funciona como un complemento natural y la pregunta se añade ayudando a ahondar en una discusión.

En el paso 6, aprenderá las siguientes cosas:

- centrarse en los aspectos y atributos positivos de la gente
- Para afrontar a la gente con atributos positivos y hacer cumplidos
- Específicamente para entrar en una conversación con la gente

La meta:

Se logra el objetivo de este paso del entrenamiento cuando haya logrado entrar en una conversación en tres situaciones diferentes en un día con tres diferentes, y desconocidas personas, luego de acercarse a ellos con un cumplido.

Paso 7: La pregunta de recomendación

El paso final de su entrenamiento se trata de pedir a un desconocido una recomendación. Hable con un extraño y pídale, por ejemplo, un restaurante donde se puede almorzar bien, o un lugar agradable para pasear. Me gustaba hacer este ejercicio durante viajes para aprender acerca de los lugares más hermosos que no están en los libros de guía. También puede preguntar por una peluquería, etc.

Aquí espero que usted vea lo interesante que puede ser hablar, si vaa con un interés en otras personas. No porque desea ofrecerles algo o para convencerlos de su "sabiduría", sino porque es simplemente emocionante escuchar a alguien y centrarse en lo que la persona tiene que decir.

Aunque muchos vendedores profesionales no quieren admitirlo: En los negocios, no es una cuestión de hablarle a la gente hasta que firme un contrato como en un acto de convencer, sino más bien a escuchar a la gente con un interés y, donde sea posible, resolver problemas.

En el paso 7, aprenderá las siguietes cosas:

- Llegar a otras personas con interés
- una disposición a escuchar a otras personas
- reconocimiento de las declaraciones de los demás
- iniciar discusiones interesantes sobre la base de las declaraciones de la persona con quien está hablando.

Puede ser que algunos de los siete pasos le hagan sentir miedo. O usted se sienta incómodo de alguna manera. Esto es bastante normal. Sin embargo, superar este nudo en el estómago es, precisamente, el objetivo de esta capacitación. Sólo si se trabaja muy concretamente al exceder los límites de su zona de confort y ampliarla, puede "crecer", aprender cosas nuevas y finalmente salir de tener miedo al contacto para disfrutar el contacto con la gente.

Si todavía encuentra uno u otro de los pasos del entrenamiento particularmente difícil, sugiero que lo practique en un evento de networking. En casi todas las regiones hay grupos XING u organizaciones tales como BNI (Business Network International), donde las personas se reúnen para hacer redes. Aquí recibirá menos reacciones negativas y puede tratar de ponerse en contacto con otras personas. La gente viene a estos eventos para encontrar socios de negocios, y en general son felices si no tienen que dar el primer paso.

Esta versión ligera tal vez puede ser esencial para ayudarle con uno o los otros pasos en su desarrollo y le dará valor para el siguiente paso. Sin embargo, usted debe ser consciente de que es necesario alcanzar estos objetivos para alcanzar el éxito en "estado salvaje", es decir, en las calles y en cualquier lugar en la vida cotidiana. Sólo que le ayudará a avanzar de forma sostenible.

¿Entrenamiento final?

Ya ha completado con éxito los siete pasos de su entrenamiento para superar el miedo al contacto. ¡Felicidades! Esto abrirá muchas puertas para usted en su vida profesional y privada.

Para uno de mis socios, la apertura de la puerta fue tan lejos que ahora está comprometido con una persona que conoció con un cumplido (paso 6).

Realmente espero que el entrenamiento también traiga alegría y muchas experiencias exitosas para usted. Pero no hay que olvidar: la práctica hace al maestro. Incluso después de haber pasado por el entrenamiento, vale la pena tener días de repeticiones y de quitar todos los pasos consistentemente.

Me encantaría que dejara una retroalimentación en línea con sus experiencias y éxitos con la formación.

Atentamente Anne Schlosser